"税法知识读本"征订单

为迎接2019年税法宣传月的到来，根据相关政策法规，中央财经大学税收教育研究所和国家税收法律研究基地在2018年版的基础上，组织业内专家编著了"税法知识读本"，共6本：《学龄前儿童税法知识读本（第二版）》《小学税法知识读本（第二版）》《初中税法知识读本（第二版）》《高中税法知识读本（第二版）》《大学税法知识读本（第二版）》《社区税法知识读本》。这6本书对于促进青少年及居民树立诚信品质、担当意识和税法观念，增强社会责任感，提升税收法治意识、提高税法遵从度，都具有重要意义。

一、征订方式（请选择其中一种方式订购）

1. 对公转账后，请扫码二维码提交在线回执单或加QQ群下载电子订单，复制电子订单内网址线上填写或扫描对公转账的二维码填写。

2. 个人或公务卡购买，请扫码微店二维码，发票信息请到宝贝详情中扫码提供，仅支持增值税普票，请在购买后90天内提交发票申请。

二、汇款地址和联系方式

1. 银行汇款资料：

   收款单位：中国财政经济出版社　　　　开户银行：北京银行北洼路支行

   账　　号：01090307400120102086779

2. 联系方式：

   联 系 人：李亚京　　　董文彦　　　电子邮箱：liyj@cfemg.cn

   联系电话：010-88191539　　　010-88190446　　　QQ群（电子订单下载）：941956634

   （请在群内文件里下载订单，全员禁言，可双击管理员头像单独联系）

三、订书注意事项

1. 汇款时请在备注处注明"税法读本"字样

2. 征订原则为书款到账后发书、邮寄发票。

3. 汇款后15天未收到书和发票，请联系相关人员办理查询业务，3个月内有效。

4. 订购邮费标准：订购总数量10册以下一次性加收20元运费；订购总数量10册（含）以上、80册以内一次性加收50元运费；订购总数量80册（含）以上免运费。

5. 汇款金额200元（含）以下单位均开具增值税普通发票；微店购书目前只支持增值税普通发票；符合条件的单位申请专票请将专票六项信息写全。

中国财政经济出版社

2019-3-12

出版社发书回执说明

代号	书名	单价	订购数量	订购条件	运费总额
18808	《学龄前儿童税法知识读本》	10		1-9 册	20 元
18810	《小学税法知识读本》	12			
18809	《初中税法知识读本》	16		10-79 册	50 元
18819	《高中税法知识读本》	18			
18820	《大学税法知识读本》	18		80 册以上	免运费
18813	《社区税法知识读本》	20			
订购总数量		运费金额		汇款总额	

对公转账 电子订单填写 网址 （电脑网页）	https://www.lediaocha.com/pc/s/q3v00won （复制链接到网页填写，只支持收集订单，不能直接汇款，需要线下转账）	对公转账 电子订单二维码 （手机扫码）	

对公转账注意事项：
1. 对公转账提交订单可选择复制网址到网页填写或手机扫码直接填写,只需填写一次即可.
2. 流程:加 QQ 群 941956634----群文件下载订单------在线填写订单提交-----对公线下汇款----收书-----收发票----群里每周一更新十天前的发货记录

个人垫付 （微店购买 请扫此二维码）		个人垫付注意事项： 1. 个人垫付请扫此二维码可直接购买 2. 流程：加 QQ 群 941956634----群文件下载订单----扫码购买---收书-----收发票----群里每周一更新十天前的发货记录。 3. 发票申请：扫码到购买界面，下翻到宝贝详情中找发票申请二维码提交信息。 4. 绑定微信可刷公务卡。请勿再填写对公转账的订单 5. 微店购买目前只支持开具增值税普通发票,如果需要开专票请按照对公转账流程办理。

青少年税法知识读本系列丛书

大学税法知识读本

（第二版）

中央财经大学税收教育研究所
国家税收法律研究基地　编著

中国财经出版传媒集团
中国财政经济出版社

图书在版编目（CIP）数据

大学税法知识读本 / 中央财经大学税收教育研究所，国家税收法律研究基地编著. —2版. —北京：中国财政经济出版社，2019.3
（青少年税法知识读本系列丛书）
ISBN 978-7-5095-8820-8

Ⅰ.①大… Ⅱ.①中… ②国… Ⅲ.①税法-中国-青年读物 Ⅳ. ① D922.22-49

中国版本图书馆 CIP 数据核字（2019）第 025825 号

责任编辑：翁晓红　　　　责任校对：胡永立
封面设计：孙俪铭

中国财政经济出版社 出版

URL: http://www.cfeph.cn
E-mail: cfeph@cfeph.cn
（版权所有　翻印必究）
社址：北京市海淀区阜成路甲28号　邮政编码：100142
营销中心电话：010-88191537
北京时捷印刷有限公司印刷　各地新华书店经销
889×1194毫米　16开　3印张　67 000字
2019年3月第2版　2019年3月北京第1次印刷
定价：18.00元
ISBN 978-7-5095-8820-8
（图书出现印装问题，本社负责调换）
质量投诉电话：010-88190744
打击盗版举报热线：010-88191661　QQ：2242791300

编辑委员会

顾 问：郝如玉　程法光　郝昭成

主 任：贾绍华

委 员（按姓氏笔画排序）：

丁　芸　　马海涛　　王桦宇

刘剑文　　江建平　　汤贡亮

李　锋　　李为人　　李俊生

陈文平　　姜培忠　　程永昌

焦建华　　靳保芳　　蔡　昌

策 划：贾绍华　　李为人

绘 画：唐志顺

序

《尚书·五子之歌》云："皇祖有训，民可近不可下。民惟邦本，本固邦宁。"基于这样的古训，我国财税理论界和有关部门领导也一直倡导宣传税收"取之于民，用之于民"，以便"固本""宁邦"。要想达到"固本"进而"宁邦"的目的，除了对税收收入合理使用，监督管理，很重要的一点是应当推进税收法治建设，尤其是在税收的征收管理环节提升税收执法者（税务部门以及其他相关部门）和纳税人的法治能力，这是现代国家的基本特征。中共中央、国务院转发的《中宣部、司法部关于在公民中开展法治宣传教育第七个五年规划（2016—2020）》指出，青少年是法治宣传教育的重点对象，要切实把法治教育纳入国民教育体系，从青少年抓起，在中小学设立法治知识课程，确保在校学生都能得到基本法治知识教育；中共中央办公厅、国务院办公厅联合印发的《深化国税、地税征管体制改革方案》进一步指出，要把税法纳入国民教育体系，加强对青少年的税法宣传教育……这些都充分显示了我国在税收法治建设方面正在朝着现代国家迈进。其中，对青少年的税法宣传教育也是税收法治领域建设现代国家的一项重要举措。正是基于这样的目的，由中央财经大学税收教育研究所和国家税收法律研究基地共同编写了

《大学税法知识读本（第二版）》，以飨大学生读者。

大学生既是未来的纳税人，也可能是未来的税收征收管理执法人员，是我国现代税收法治建设的未来与希望之所在。他们在学校读书期间，除了需要学好各自专业的理论知识与技能以外，作为公民，也需要对税法知识有基本的了解，以便使自己具备基本的公民意识和税法知识，所以，大学生在校期间，特别是那些非财税专业的在校大学生，有必要在课堂内外选读一些有关税法以及与税法相关的读物。《大学税法知识读本（第二版）》以大学生应知应会的税收知识为切入点，根据学生的心理特点和接受能力，结合丰富多彩的现实生活，图文并茂，简洁易懂，让大学在校学生从身边事了解有关税收法律方面的基本知识，了解税收"取之于民，用之于民"的内涵，进而能够强化作为公民的税收法律素质。从素质教育的角度来看，这部读本可以作为在校大学生自学或者学校对其进行公民税收法治素质教育的普及性读物。

是为序。

李俊生
2019 年 3 月

（注：作者为中国税收教育研究会会长，中央财经大学原副校长、校学术委员会主任、教授、博士生导师）

目 录

一、入学准备知税多少 ………………………………………… 1

  （一）奖助学金助力学业——减税免税国家支持 ……………… 1

  （二）超市购物增长见识——套装与否缴税不同 ……………… 5

二、校园生活无税不欢 ………………………………………… 8

  （一）学业篇 ……………………………………………………… 8

    1. 校园出行共享车——单车税收监管 ………………………… 8

    2. 购买仪器方式多——进口仪器免税 ……………………… 10

    3. 博物馆陶冶情操——门票税收优惠 ……………………… 12

    4. 网上注册办公司——便捷办税免奔波 …………………… 14

  （二）生活篇 …………………………………………………… 16

    1. 校外实习——兼职收入怎缴税 …………………………… 16

    2. 国内出行——开具发票有奖励 …………………………… 19

    3. 劝诫同学——抽烟有害成本大 …………………………… 22

三、临近毕业税税顺利 ………………………………………… 25

  （一）毕业旅行——"一带一路"走出国门 …………………… 25

  （二）毕业证书——印花税的前世今生 ……………………… 28

（三）出国留学——回国买车税收优惠 ………………………………… 30

（四）自主创业——国家税收优惠激励 ………………………………… 33

（五）国内就业——工资薪金如何缴税 ………………………………… 35

后记 …………………………………………………………………………… 38

一、入学准备知税多少

（一）奖助学金助力学业——减税免税国家支持

小明大一入学时，因为生活困难，符合贫困生条件，因此向学校申请了国家助学金，一学期可以得到国家补助1000元至2000元不等。有了这笔钱，小明再利用课余时间在学校勤工俭学，爸妈基本不用负担他的生活费了。但小明在收到助学金时非常纠结，因为他发现学校没有从中扣税。小明心想：学校应该是忘记扣税了，我要主动告诉老师吗？可这么多钱要缴好多税吧……又不能和同学出去玩了……经过反复思考，小明终于决定向老师坦白，老师听后哈哈大笑："傻孩子，这笔钱是不需要缴税的，国家把你们助学金的税免啦，而且拿这笔钱赚取的利息也是免税的。"小明听了老师的话特别开心，不只是为自己可以出去玩开心，更为那些家庭困难的同龄人感到开心。

【知识链接】

（1）根据《中华人民共和国个人所得税法》（2018年修订）规定，个人所得税的征税范围包括偶然所得，是指个人得奖、中奖、中彩以及其他偶然性质的所得。其第四条规定，下列各项个人所得，免征个人所得税：

"（一）省级人民政府、国务院部委和中国人民解放军军以上单位，以及外国组织、国际组织颁发的科学、教育、技术、文化、卫生、体育、环境保护等方面的奖金；

（二）国债和国家发行的金融债券利息；

（三）按照国家统一规定发给的补贴、津贴；

（四）福利费、抚恤金、救济金；

（五）保险赔款；

（六）军人的转业费、复员费、退役金；

（七）按照国家统一规定发给干部、职工的安家费、退职费、基本养老金或者退休费、离休费、离休生活补助费；

（八）依照有关法律规定应予免税的各国驻华使馆、领事馆的外交代表、领事官员和其他人员的所得；

（九）中国政府参加的国际公约、签订的协议中规定免税的所得；

（十）国务院规定的其他免税所得。

前款第十项免税规定，由国务院报全国人民代表大会常务委员会备案。"

（2）《财政部 国家税务总局关于全面推开营业税改征增值税试点的通知》（财税〔2016〕36号）规定，下列利息收入免征增值税：

2016年12月31日前，金融机构农户小额贷款；国家助学贷款；国债、地方政府债；人民银行对金融机构的贷款；住房公积金管理中心用住房公积金在指定的委托银行发放的个人住房贷款；外汇管理部门在从事国家外汇储备经营过程中，委托金融机构发放的外汇贷款；统借统还业务中，企业集团或企业集团中的核心企业以及集团所属财务公司按不高于支付给金融机构的借款利率水平或者支付的债券票面利率水平，向企业集团或者集团内下属单位收取的利息。

【模拟演练】

小明获得国家颁发的奖学金5000元以及县级学术研究一等奖1000元。请问，小明是否应缴税？若需要缴税，应缴什么税，缴多少税？

解析：小明获得的国家颁发的奖学金和县级学术研究奖金都属于个人所得，理应缴纳个人所得税。但国家对奖学金及省级以上颁发的科学、教育、技术、文化、卫生、体育、环境保护等方面的奖金免征个人所得税。因此小明只需就其取得的1000元县级学术研究奖金纳税，应缴纳个人所得税为：1000×20%=200（元）。

(二) 超市购物增长见识——套装与否缴税不同

小明的妈妈为在入学前给小明准备生活用品,和他一起去逛超市,正赶上超市推出新品销售活动——销售洗发水和润发香精礼盒装。小明发现礼盒装的价格比单买这两样东西的价格要贵,很是不理解。经过一番询问,小明知道了洗发水不属于消费税的征税对象,而消费税的征税范围里包括润发香精,当将二者包装成礼盒对外销售时,因洗发水和润发香精无法实现分开核算销售收入,都需要按照销售化妆品缴纳消费税,然后商家再把税负转嫁给消费者,价格自然就提高了。

随后,小明一家结账后参加了超市举办的抽奖活动,小明抽到了200元的超市购物券,超市代扣代缴40元税款,只剩下160元。小明妈妈觉得奇怪，为什么中奖的钱还要缴税？小明解释说："我们平时取得的收入都是需要缴税的，中奖获得的钱算是偶然所得，也是需要缴个人所得税的。"小明妈妈在这一瞬间觉得儿子真的长大了。

【知识链接】

（1）消费税是以特定消费品为课税对象所征收的一种税，属于流转税的范畴。在对货物普遍征收增值税的基础上，选择部分消费品再征收一道消费税，目的是为了调节产品结构，引导消费方向，保证国家财政收入。现行消费税的征收范围主要包括烟，酒，鞭炮，焰火，化妆品，成品油，贵重首饰及珠宝玉石，高尔夫球及球具，高档手表，游艇，木制一次性筷子，实木地板，摩托车，小汽车，电池，涂料等税目。

（2）税法规定，对纳税人兼营不同税率的应税消费品，应当分别核算其销售额或者销售数量，未分别核算或将不同税率的应税消费品组成成套消费品销售的，从高适用税率。

（3）偶然所得，是指个人得奖、中奖、中彩以及其他偶然性质的所得。偶然所得适用比例税率为20%，以每次收入额为应纳税所得额。

【模拟演练】

一家酒类生产企业当月销售了1吨白酒和1吨啤酒，其中销售白酒取得收入20万元，销售甲类啤酒取得收入10万元，已知啤酒每吨缴纳消费税250元，问该企业当月应缴多少消费税？

解析：根据《中华人民共和国消费税暂行条例》规定，白酒的消费税不仅需要以 20% 的税率从价征收，还需要按 0.5 元 /500 克的标准从量征收。甲类啤酒按 250 元 / 吨、乙类啤酒按 220 元 / 吨征收消费税。

该酒类企业销售白酒应缴消费税为：

20×20%+1×1000×2×0.5÷10000=4 + 0.1 = 4.1（万元）；

该酒类企业销售啤酒应缴消费税 =1×250=250（元）；

因此该企业应缴消费税共 4.1+250÷10000=4.125（万元）。

二、校园生活无税不欢

（一）学业篇

1. 校园出行共享车——单车税收监管

学校的小黄车和摩拜单车很多，最近都取消了押金，注册后扫码就能直接骑行，上课、吃饭、回宿舍都节省了很多时间，而且费用非常便

宜，方便了同学们的出行。回到寝室后，小明和室友小鹏聊起了这个话题。小鹏对共享单车颇为了解，告诉小明，使用共享单车不收取押金了，只收取使用费。有着强烈好奇心和求知欲的小明心想：那摩拜收取的使用费是怎么征税的呢？通过上网查询，小明得知原来这些共享单车企业通常都会与一些银行和互联网公司合作，实行微信扫码支付。共享单车公司获取的使用费收入需要缴纳增值税、企业所得税等。

【知识链接】

关于共享单车企业收取的使用费收入的税务处理，目前税务机关认为，必须征收增值税和企业所得税。但是，由于共享单车使用互联网手段进行营销和结算，有时很难监控共享单车公司是否就其收入及时足额缴纳了相关税金。目前，共享单车税收监管对政府来说是一个新问题。

关于互联网背景下共享单车的税收监管问题，一些专家认为共享单车的使用费收入可以由第三方支付系统代扣代缴税款，税法必须明确相关主体的经济责任；还有一些专家认为，共享单车的使用费收入应该由共享经济运营主体缴纳，不能随便将其税收由第三方支付系统代扣代缴。

【模拟演练】

大学生朋友，你认为目前应该如何加强对互联网背景下共享单车的税收管理？你有好的建议吗？

2. 购买仪器方式多——进口仪器免税

小明这学期选修了一门实验课,在实验室进行试验需要专业设备的支持,也需要大量的实验耗材。今天下课后,实验课的老师告诉小明,学校准备为实验室购进一台专业仪器设备以供研究使用,让作为课代表的小明查找所需实验器材的价格信息和购买渠道,提出一个采购方案以作参考。小明在多个网站上搜集了大量的设备价格信息,并对价格、质量、售后服务等进行了综合比较,筛选出了两种能够满足学校需求、同时价格非常相近的产品。设备A是从国外进口,到货时间会慢一些;而另一台设备B则可以直接从国内销售商处购买,当天就能提货。小明把采购方案交给老师后,老师直接选择了从国外进口的方案。小明非常不解,老师向小明解释道:"我们国家鼓励科研教育的发展,所以对直接用于科学研究、科学试验和教学的进口仪器、设备是免增值税的。"小明恍然大悟。

【知识链接】

根据《中华人民共和国增值税暂行条例》第十五条的有关规定,下列项目免征增值税:农业生产者销售的自产农产品;避孕药品和用具;古旧图书;直接用于科学研究、科学试验和教学的进口仪器、设备;外国政府、国际组织无偿援助的进口物资和设备;由残疾人的组织直接进口供残疾人专用的物品;销售的自己使用过的物品。这是我国增值税税收优惠政策的一部分。

税收优惠,是指国家运用税收政策在税收法律、行政法规中规定对某一部分特定企业和课税对象给予减轻或免除税收负担的一种措施,是为了配合国家在一定时期的政治、经济和社会发展总目标,政府利用税收制度,按预定目的,在税收方面相应采取的激励和照顾措施,以减轻某些纳税人应履行的纳税义务,来补贴纳税人的某些活动或相应的纳税人。纵观中国的税法,税收优惠主要用于鼓励农、林、牧、渔、水利等行业的发展,鼓励能源、交通、邮电等基础产业的发展,促进科技、教育、文化、宣传、卫生、体育等事业的进步,体现国家的民族政策和扶持社会福利事业,鼓励发展第三产业,鼓励环境保护和自然资源的综合利用,鼓励商品出口,吸引外商投资,搞好经济特区。

3. 博物馆陶冶情操——门票税收优惠

小明周末喜欢去博物馆陶冶情操，开阔眼界和思路。这天，小明约了暗恋已久的小莉一起去博物馆。小明一想到自己能在博物馆里向小莉讲解展品，展示自己的博学多才，心里就美滋滋的。

小明走到博物馆售票处买了两张门票，小莉随口问了一句："小明，你知道门票要缴多少税呀？"这一问，可把小明难住了，他急得满头大汗，半天说不出一句话。小莉眨眨眼睛，笑着说："你怎么连这都不知道！纪念馆、博物馆、文化馆、美术馆、展览馆、书画院、图书馆的第一道门票收入是免征增值税的。"小明这才恍然大悟。

【知识链接】

根据财税〔2016〕36号文规定，对纪念馆、博物馆、文化馆、文物保护单位管理机构、美术馆、展览馆、书画院、图书馆在自己的场所提供文化体育服务取得的第一道门票收入免征增值税。但纳税人需要注意的是：

第一，免税不等于不申报，而且要填写当期的免税收入，否则纳税人将承担虚假申报的后果。

第二，纳税人兼营免税、减税项目的，应当分别核算免税、减税项目的销售额；未分别核算的，不得免税、减税。

第三，纳税人应前往税务机关做增值税减免备案和核准，以免出现风险疑点。

4. 网上注册办公司——便捷办税免奔波

2019年，小明即将大学毕业，为响应"大众创业，万众创新"的号召，计划注册一家公司。工商局和互联网公司联手打造的"工商企业登记网络服务平台"上线后，企业通过实名核实解决方案即可进行身份认证和电子签名，进而完成设立登记全过程。因此，小明办公司、"一次也不跑"成为现实。

以往，企业办理工商登记手续只能到工商局办理，经常需要排队，一旦申请资料不齐，就需要来回奔波，可谓费时又费力。为提升沟通效率和服务水平，国家工商总局提出要大力推进"互联网+政务"工作，运用互联网技术，不断提高政府服务效率，为群众办事创业提供便利。

"互联网+政务"的发展让小明可以足不出户、随时随地通过移动端办理企业登记、注册等相关业务。这不仅推进了全程办理无纸化落地，而且让企业填报操作更加便利，营业执照领取方式也更加多样。此外，在开展身份认证和电子签名校对时，实现对企业的零收费，进一步减轻了企业负担。

【知识链接】

我国现已实行"多证合一"，就是将企业依次申请的工商营业执照、组织机构代码证和税务登记证等合为一证，提高市场准入效率；"一照一码"则是在此基础上更进一步，通过"一口受理、并联审批、信息共享、结果互认"，实现由一个部门核发加载统一社会信用代码的营业执照。

微信已成为税务机关与社会公众和广大纳税人之间的强"连接器"，不断助力"互联网+税务"的创新发展，各地税务部门已创新地推出了"微信缴税""发票摇奖""发票查验"等诸多应用。

（二）生活篇

1. 校外实习——兼职收入怎缴税

为了减轻父母的经济负担，小明决定趁着国庆假期去实习。面试时老板对他说："之后给你的待遇是一天100元。"随后，老板还特意补充了一句："这是税前报酬。"小明之前没有做过兼职，不知道税前报酬和税后报酬的区别，疑惑地问老板："那我需要缴多少税呢？"老板笑着告诉他："如果你只做一周，7天就是700元。是否缴税要看你的全年综合所得，不超过6万元不用缴税！"小明听了以后很惊喜，并不是任何报酬都要缴税，国家制定了这么多的税收优惠政策。太好了！这次可以不用缴税了。

小明问老板："要是以后挣得多了，就需要缴税吗？"老板回答："是的，如果一年综合所得超过6万元，就得纳税了，一定要及时纳税。到时候给你的税后报酬就比税前报酬少啦！"小明点了点头，笑着说："纳税光荣！"

【知识链接】

劳务报酬所得，是指个人独立从事各种非雇用的各种劳务所得，包括个人从事设计、装潢、安装、制图、化验、测试、医疗、法律、会计、咨询、讲学、新闻、广播、翻译、审稿、书画、雕刻、影视、录音、录像、演出、表演、广告、展览、技术服务、介绍服务（佣金）、经纪服务、代办服务以及其他劳务取得的所得。

根据我国2018年修订的《中华人民共和国个人所得税法》，2019年1月1日后居民个人取得的工资、薪金所得、劳务报酬所得、稿酬所得、特许权使用费所得属于综合所得，以每一纳税年度收入额减除费用6万元以及专项扣除、专项附加扣除和依法确定的其他扣除后的余额为应纳税所得额。综合所得，适用3%至45%的超额累进税率。应纳税所得额的计算：

（一）居民个人的综合所得，以每一纳税年度的收入额减除费用6万元以及专项扣除、专项附加扣除和依法确定的其他扣除后的余额，为应纳税所得额。专项扣除包括居民个人按照国家规定的范围和标准缴纳的基本养老保险、基本医疗保险、失业保险等社会保险费和住房公积金等；专项附加扣除包括子女教育、继续教育、大病医疗、住房贷款利息和住房租金等支出。

（二）非居民个人的工资、薪金所得，以每月收入额减除费用5000元后的余额为应纳税所得额；劳务报酬所得、稿酬所得、特许权使用费所得，以每次收入额为应纳税所得额。

【模拟演练】

如果小明在2019年兼职数月的税前收入为10500元，在不考虑其他所得及专项附加扣除项目的情况下，在该年应缴纳多少个人所得税？

答：应缴纳个人所得税为10500×3%=315元。

2. 国内出行——开具发票有奖励

2019年寒假到了,小明和几个好友一起到北京旅游。在出发前,小明上网查旅游攻略。他忽然想起以前听说有些发票可以参与摇奖。出去旅游要花钱,要是参与发票摇奖能中奖,那就能抵消一部分旅游的花销了。想到这里,他赶紧去了解相关发票摇奖政策:北京市行政区域内从事住宿业、娱乐业、建筑装饰业和房地产中介服务业的纳税人,向消费者依法开具的并经过验证的增值税普通发票(包含增值税电子普通发票)可以参与摇奖。小明激动不已,心想这次旅途中的住宿、餐饮、交通、景点门票等,要是都要求商家开具发票,就能多次参与抽奖了,开票越多,机会越多!之后,小明查看了流程:使用微信参与抽奖:打开微信→关注"北京税务"微信公众号→选择"有奖发票"→进入有奖发票小程序→扫描发票左上角二维码或手工录入发票信息;如果使用支付宝参与抽奖:打开支付宝→点击"更多"→选择"城市服务"→点击"发票管家"→选择"有奖发票"→扫描发票左上角二维码或手工录入发票信息。他赶紧把这个好消息告诉了同行的朋友们,大家听了都很期待。

在旅行途中,小明和朋友们对住宿、餐饮、交通、景点门票等花销都要求对方开具发票,并且关注了北京市税务局的公众号,参与了发票摇奖。运气不错的小明总共得到了几百元奖金。旅行结束后,小明回家开心地向爸妈说了这件事,并且说道:"很多消费者都没有向商家索要发票的意识,白白错过了摇奖的机会呀!"妈妈笑着说:"是呀,这真是一举两得的好政策。发票摇奖活动不仅可以给消费者带来小惊喜,更可以规范商家的销售行为。"

【知识链接】

为了提高消费者索要发票的积极性,税务机关依据公平、公正的布奖原则,对印制的发票按照票面面额分档随机布奖。北京于2017年12月1日正式启动有奖发票试点工作。北京市范围内从事住宿业、娱乐业、建筑装饰业和房地产中介服务业的纳税人,通过增值税发票管理新系统向消费者依法开具,并验证通过的增值税普通发票(包含增值税电子普通发票)可以参与开奖。消费者取得发票后,通过北京市税务局微信公众号或支付宝有奖发票模块,扫描发票左上角二维码或手工录入发票信息,通过系统查验后,就可以参加即时开奖了。一次开奖奖金会通过微信零钱或支付宝余额实时发放。如果收到的是电子发票,可以把电子发票打印下来进行扫描或者通过扫描其他设备中的电子发票版式文件完成抽奖。慧财税可以提供电子发票系统。

中国的税收政策是"取之于民,用之于民";而政府收入说到底是要回馈社会的。以刮奖的形式出现,也是对"取之于民,用之于民"政策的践行和落实。如此说来,保留有奖发票是"两全其美"的事——既回馈了百姓,也能够提高发票的开具比率。

3. 劝诫同学——抽烟有害成本大

大三时，小明班里转来了一个插班生小刚。小刚喜欢抽烟，有一天小刚拉着小明去买烟。小明劝诫小刚说抽烟对身体不好，不仅不利于肺部健康，还容易对别人的呼吸系统造成伤害。但小刚一点也听不进去，非拉着小明去买烟，小明没办法只好陪他去。

到了小卖部，小刚拿起一包香烟就问："阿姨，一包烟多少钱？""你拿的这个五块。"阿姨答道。小明心想，我工作一小时才赚十元钱，买一包烟相当于我半小时白工作了，他转念一想，是不是因为里面有要缴给国家的税，所以贵呢？于是他问："香烟这么贵是因为价格里面含有税吗？"阿姨说："你真聪明！烟不仅对身体有害，还不利于环境保护，所以国家在征收了一道增值税的基础上又对它征收了一道消费税，希望以此来调整消费者的消费习惯。"小明听了阿姨的解释，觉得政府制定的政策很有意义，强烈要求小刚不要买烟抽了。最后小刚被说服了，在小卖部买了一些水果。

【知识链接】

（1）凡是以烟叶为原料加工生产的产品，不论使用何种辅料，均属于消费税的征收范围。本税目下设甲类卷烟、乙类卷烟、雪茄烟、烟丝四个子目。根据《国家税务总局关于调整烟产品消费税政策的通知》(财税〔2009〕84号)，甲类卷烟是指每标准条(200支，下同)调拨价格在70元(不含增值税)以上(含70元)的卷烟，其从价税率为56%。乙类卷烟是指每标准条(200支，下同)调拨价格在70元(不含增值税)以下的卷烟，其从价税率为36%。雪茄烟的征收范围包括各种规格、型号的雪茄烟，其从价定额税率为36%。烟丝的征收范围包括以烟叶为原料加工生产的不经卷制的散装烟，其从价定额税率为30%。

（2）卷烟在批发环节加征一道消费税，根据《财政部 国家税务总局关于调整卷烟消费税的通知》(财税〔2015〕60号)第一条规定，将卷烟批发环节从价税税率由5%提高至11%，并按0.005元/支加征从量税。纳税人兼营卷烟批发和零售业务的，应当分别核算批发和零售环节的销售额、销售数量；未分别核算批发和零售环节销售额、销售数量的，按照全部销售额、销售数量计征批发环节消费税。

【模拟演练】

某烟酒批发公司，当月批发销售 A 牌卷烟 5000 条给烟酒零售商店，开具的增值税专用发票上注明销售额 250 万元。请问该公司当月应缴纳的消费税为多少？

解析：卷烟在批发环节加征一道消费税，因此该企业当月缴纳消费税为：$250 \times 11\% + 5000 \times 1/10000 = 28$（万元）。

三、临近毕业税税顺利

（一）毕业旅行——"一带一路"走出国门

毕业实习结束后，小明准备和同学去神秘的印度来一场说走就走的旅行。他们决定依靠自己的力量自由出行，一边打工赚钱，一边游玩，体验民俗风情。

来到印度，小明和同学为了方便语言交流，辗转找到了一家中国企业。企业的老板见到来自国内的两个大学生，觉得十分亲切，便聊起了家常。

小明问道:"老板您为什么会想到来印度办厂啊?"老板说,"国家'一带一路'建设鼓励企业走出去,印度的投资前景比较广阔,他们国家政府在税收方面有优惠,而且我们国家和印度也有国际税收协定,这都给我们投资提供了很好的条件。"

【知识链接】

2013年习近平总书记提出"一带一路"的构想。"一带一路"是"丝绸之路经济带"和"21世纪海上丝绸之路"的简称,旨在积极发展与沿线国家的经济合作伙伴关系,共同打造政治互信、经济融合、文化包容的利益共同体、命运共同体和责任共同体。而税收在"一带一路"发展的过程中起着不容忽视的作用,能够构造新型国际税收关系,推动国际税务合作,为全球经济发展贡献积极力量。

国际税收是指两个或两个以上的国家政府凭借其政治权力,对跨国纳税人的跨国所得或财产进行重叠交叉课税,以及由此所形成的国家之间的税收分配关系。因而引申出税收管辖权,即一国政府在征税方面的主权,分为三类:地域管辖权、居民管辖权和公民管辖权。由于管辖权之间的冲突,两个或两个以上的国家对同一跨国纳税人或不同纳税人的同一课税对象或税源同时征收相同或类似的税收,就会重复征税。解决重复征税问题可以通过免税法、税收抵免和税收饶让等措施。其中税收抵免是指一国政府在对本国居民的国外所得征税时,允许其用国外已纳的税款冲抵在本国应缴纳的税款。

国际税收协定是指两个或两个以上的主权国家为了协调相互间在处理跨国纳税人征纳事务方面的税收关系，本着对等原则，通过政府间谈判所签订的确定其国际税收分配关系的具有法律效力的书面协议或条约，也称为国际税收条约。它是国际税收重要的基本内容，是各国解决国与国之间税收权益分配矛盾和冲突的有效工具。

（二）毕业证书——印花税的前世今生

转眼间，四年的大学生活就要过去了。班长从辅导员那里领取了全班同学的毕业证书，并且发到了每位同学的手中。小明接过自己的毕业证书，心生无限感慨。看着毕业证书上的寥寥四行字，小明深切地感受到自己的大学时代就要结束了，未来就要进入社会历练了。打开毕业证书，右下角的学校公章非常醒目。小明想：既然加盖了红色印章，那毕业证书要不要缴印花税呢？

好奇心爆棚的小明了解后知道了，我国现在领取毕业证书是不需要缴税的，而在民国初期，领取毕业证要缴印花税。

【知识链接】

印花税是对经济活动和经济交往中书立、领受具有法律效力凭证的行为所征收的一种税，因采用在应税凭证上粘贴印花税票作为完税的标志而得名。印花税的纳税人包括在中国境内设立、领受规定的经济凭证的企业、行政单位、事业单位、军事单位、社会团体、其他单位、个体工商户和其他个人。

在中华人民共和国境内书立、领受《中华人民共和国印花税暂行条例》（2011年修订）所列举凭证的单位和个人，都是印花税的纳税义务人，应当按照规定缴纳印花税。具体有：立合同人、立据人、立账簿人、领受人、使用人。

现行印花税只对印花税条例列举的凭证征税，具体有五类：（1）购销、加工承揽、建设工程勘察设计、建设工程承包、财产租赁、货物运输、仓储保管、借款、财产保险、技术合同或者具有合同性质的凭证；（2）产权转移书据；（3）营业账簿；（4）房屋产权证、工商营业执照、商标注册证、专利证、土地使用证、许可证照；（5）经财政部确定征税的其他凭证。

此外，印花税还有诸多税收优惠，例如，已缴纳印花税的凭证的副本或者抄本；财产所有人将财产赠给政府、社会福利单位、学校所立的书据；无息、贴息贷款合同等。

（三）出国留学——回国买车税收优惠

在面临多种选择、斟酌再三后，小明毕业后决定出国深造。

他对朋友们说，说不定以后我毕业就留在国外了。朋友们听到后都想劝他回来。其中一个朋友针对小明特别喜欢汽车这一爱好，就对他说："小明，你知道吗？留学回来买车优惠很多哦！"小明一听，顿时来了兴趣："什么优惠？"他的朋友说："等你出国留学回来，归国服务买国产汽车时，能免除整车计税价格10%的车辆购置税。"小明一算，10%的优惠确实很高，如果买辆几十万元的车，能省好几万元。他又念起优惠政策背后的政策意图是国家对海归学子的召唤，感受到了祖国满满的诚意，最后他便决定学成以后归国服务，为祖国的建设事业做出一份贡献；加上国内还有这么多朋友，何乐不为呢！

【知识链接】

车辆购置税是对在境内购置规定车辆的单位和个人征收的一种税，它由车辆购置附加费演变而来。

现行车辆购置税法的基本规范，是从2001年1月1日起实施的《中华人民共和国车辆购置税暂行条例》。车辆购置税的纳税人为购置（包括购买、进口、自产、受赠、获奖或以其他方式取得并自用）应税车辆的单位和个人，征税范围为汽车、摩托车、电车、挂车、农用运输车。

车辆购置税有诸多税收优惠，具体如下：

（1）外国驻华使馆、领事馆和国际组织驻华机构及其外交人员自用的车辆，免税。

（2）中国人民解放军和中国人民武装警察部队列入军队武器装备订货计划的车辆，免税。

（3）设有固定装置的非运输车辆，免税。设有固定装置的非运输车辆是指，挖掘机、平地机、叉车、装载车（铲车）、起重机（吊车）、推土机等工程机械。

（4）防汛部门和森林消防等部门购置的由指定厂家生产的指定型号的用于指挥、检查、调度、防汛（警）、联络的专用车辆，免税。

（5）回国服务的在外留学人员购买的 1 辆国产小汽车，免税。

（6）长期来华定居专家进口 1 辆自用小汽车，免税。

（7）有国务院规定予以免税或者减税的其他情形的，按照规定免税、减税。

【模拟演练】

小明学成归来，买了两辆小汽车。一辆是 10 万元的国产小汽车，一辆是 12 万元的进口小汽车。请问小明应该缴多少车辆购置税？

解析：$12 \times 0.1 = 1.2$（万元）。

（四）自主创业——国家税收优惠激励

出国留学毕业后，小明回到国内，准备在国内大展身手。周围的同学都陆续找到了工作，小明却很迷茫。正在他一筹莫展时，听到一则新闻：国家鼓励大学生创业，对其创业提供税收优惠。小明于是查了一些关于大学生创业的资料：国家对符合条件的高校毕业生，在3年内可以每年8000元为限额依次扣减其当年应缴的增值税等。小明心想：既然就业压力这么大，不如自己艰苦创业，国家还鼓励支持。小明把想法告诉了老师，老师听完后问小明："那你知道成立公司都需要缴什么税吗？不同的公司不同的业务缴的税有何不一样？你要先搞清楚这些，才能用好税收优惠。"小明点点头。

【知识链接】

小明创业首先要明确创立公司的类型。常见的公司类型有：有限责任公司、个人独资企业、合伙企业、个体工商户、私营企业。这几种类型企业在纳税方面有很大的不同。

在货劳税方面，不同类型的公司在增值税缴纳上没有区别，只是税目税率以及税收优惠政策不同。

在企业所得税方面，一般企业适用的企业所得税的税率为25%；符合条件的小型微利企业，减按20%的税率征收企业所得税〔根据财税〔2018〕77号，自2018年1月1日至2020年12月31日，将小型微利企业的年应纳税所得额上限由50万元提高至100万元，对年应纳税所得额低于100万元（含100万元）的小型微利企业，其所得减按50%计入应纳税所得额，按20%的税率缴纳企业所得税〕。国家需要重点扶持的高新技术企业，减按15%的税率征收企业所得税。非居民企业在中国境内未设立机构、场所的，或者虽设立机构、场所但取得的所得与其所设机构、场所没有实际联系的，应当就其来源于中国境内的所得缴纳企业所得税，适用税率为20%。

在个人所得税方面，比照个人所得税法的"经营所得"应税项目，适用5%—35%的五级超额累进税率，计算征收个人所得税。

特别说明，除了个人独资企业、合伙企业、个体工商户这三种是缴纳个人所得税之外，其他公司类型需缴纳的是企业所得税。

（五）国内就业——工资薪金如何缴税

经过几年的创业，小明觉得自己应该到大企业中多锻炼锻炼，学习更多知识，因此小明向多家公司投递了自己的简历。由于小明之前的学业成绩优异，自身也比较勤奋努力，因此通过了两家公司的考核。

这两家公司条件都很好，也是小明比较向往的税务岗位的方向，各个方面都比较相似，小明难以抉择，最后考虑到了比较实际的问题——工资收入高低。于是小明与这两家公司的人事部门沟通，确定工资薪金标准。通过交谈得知，两家公司提供的工资都是每个月 5000 元，这把小明给难住了。

这时小明的爸爸提醒小明："你应该问一下这个工资是不是税后工资

呀，咱们工作取得的收入是要按照'综合所得'缴纳个人所得税的，收入越高，税率越高，你要问清楚，才好做决定。"小明恍然大悟，想起来一家公司说的是税前工资，另一家公司说的是税后工资，终于可以做出抉择了。

最终，小明选择了税后工资为5000元的公司入职。

【知识链接】

居民个人取得工资、薪金所得，劳务报酬所得，稿酬所得，特许权使用费所得为综合所得，按纳税年度合并计算个人所得税；居民个人的综合所得，以每一纳税年度的收入额减除费用6万元以及专项扣除、专项附加扣除和依法确定的其他扣除后的余额，为应纳税所得额。综合所得，适用3%至45%的超额累进税率（见表1）。

表1　　　　　　　　　超额累进个人所得税税率

级数	全年应纳税所得额	税率（%）
1	不超过36000元的	3
2	超过36000元至144000元的部分	10
3	超过144000元至300000元的部分	20
4	超过300000元至420000元的部分	25
5	超过420000元至660000元的部分	30
6	超过660000元至960000元的部分	35
7	超过960000元的部分	45

【模拟演练】

小明于2019年入职后,每月应发工资均为10000元。每月减除费用5000元,"三险一金"等专项扣除1500元,在不考虑其他所得及专项附加扣除项目的情况下,前三个月应分别预扣预缴的个人所得税是多少?

解析:第一个月:(10000-5000-1500)×3%=105(元);

第二个月:(10000×2-5000×2-1000×2)×3%-105=135(元);

第三个月:(10000×3-5000×3-1000×3)×3%-105-135=120(元)。

后 记

全面提高国民税收法律意识，让税法进学校、进社区、进厂矿、进家庭，从学龄前儿童教育开始，培育国民税法意识，是构筑具有中国特色社会主义民主法治国家的重要基石，是新时代国民教育改革与发展的重要内容。《青少年税法知识读本系列丛书》继2018年3月由中国财政经济出版社出版发行后，受到了社会的普遍关注。应读者要求，由中央财经大学税收教育研究所牵头，组织相关专家学者在第一版基础上，进行讨论修订；新增了《社区税法知识读本》。

《青少年税法知识读本系列丛书》包括《学龄前儿童税法知识读本》《小学税法知识读本》《初中税法知识读本》《高中税法知识读本》《大学税法知识读本》，新增《社区税法知识读本》。除这6本图书外，还辅以"税收三字经""税的前世今生""小小税法宣传员"等4部音频动漫，尝试以唱童谣、观动漫、看图画、讲故事等喜闻乐见的形式，将人们衣食住行、创业就业、养生保健、安居乐业中与税收息息相关的各种要素，通过多种形式融入日常生活、贯穿于人生成长与发展的各个阶段，将税收与社会、税收与生活、税收与人生相伴相行的道理说清楚、讲明白。

《青少年税法知识读本系列丛书》和《社区税法知识读本》（以下简称税法知识读本）集各方智慧玉成。国家税务总局原副局长程法光、郝昭成，全国人大常委会第十一届、第十二届全国人大常委会常委、财经委员会副主任委员郝如玉，中央财经大学学术委员会主任李俊生，中央财经大学副校长马海涛，税收教育研究所所长贾绍华分别为这6本书作序。中央财经大学贾绍华、蔡昌，中国社会科学院大学李为人，财政部国际财经研究中心贾英姿，上海交通大学王桦宇，国家税务总局天长市税务局姜培忠，合肥学院吴晓红，以及中央财经大学、中国社会科学院大学、中国财政科学研究院硕士研究生刘润哲、张博翔、刘鑫鑫、张小同、薛黎明、邓正宏、李文、陈进，中央财经大学税收教育研究所李旭，北京小学王昱泽同学参与了修订、撰稿工作。姜培忠、王桦宇、吴晓红对初稿进行了修订审核。《社区税法知识读本》由国家税收法律研究基地副主任丁芸审定，《高中税法知识读本》《大学税法知识读本》由中央财经大学税收筹划与法律研究中心主任蔡昌审定，《学龄前儿童税法知识读本》《小学税法知识读本》由中央财经大学税收教育研究所所长贾绍华审定，《初中税法知识读本》由北京财税研究院副院长焦建华审定；贾绍华总撰并审定终稿。本书插图由山东省青岛市财政局唐志顺创作。

中共安徽省天长市委、天长市人大、政府，天长市委宣传部，国家税务总局天长市税务局对税法知识读本的定稿工作给予了大力支持。国家税务总局原副局长郝昭成，江苏省人大常委会财经委主任委员江建平，安徽天长市人大常委会主任吴振文，安徽天长市市委副书记贺家平，安徽天长市市委常委、副市长张传道，中国注册税务师协会副会长兼秘书长、国家税务总局征管科技司原司长李林军，国家税务总局税务干部学院副院长王锦锋，国家税务总局国际税务司原副巡视员王更生，中国法学会财税法学研究会常务副会长、武汉大学财税法研究中心主任熊伟，中国法学会财税法学研究会秘书长、首都经贸大学法学院周序中，首都经贸大学科研处处长姚东旭，国家税务总局办公厅调研员苏胜利，国家税务总局税务干部学院副处长田建利，国家税务总局税务干部学院编审彭骥鸣，国家税务总局天长市税务局局长葛云海，国家税务总局滁州市南谯区税务局局长王军，国家税务总局南通市税务局副处长周丁荣，安徽省天长市教体局姚迎，国家税务总局天长市税务局胡德仙、王慧敏、唐喜来等专家学者参与书稿的讨论，提出了宝贵的修改意见。上海高顿教育集团、晶澳太阳能控股有限公司对本套书的出版给予了大力支持。在此一并表示衷心的感谢！

税法知识读本肯定会有不尽如人意之处，我们需要不断更新理念，与时俱进。期待读者能提出宝贵的意见和建议。

编者

2019年3月于中央财经大学